FICHA CATALOGRÁFICA

(Preparada na Editora)

Xavier, Francisco Cândido, 1910-2002.

X19a   *Antes da Prece* / Francisco Cândido Xavier, Antônio
Baduy Filho, André Luiz (Espírito), 1ª edição, IDE,
2020.

160 p.

ISBN 978-65-86112-00-9

1. Espiritismo 2. Psicografia - Mensagens
I. André Luiz (Espírito). II. Título.

CDD -133.9
-133.91

Índices para catálogo sistemático:

1. Espiritismo 133.9
2. Psicografia: Mensagens: Espiritismo 133.91

ANTES DA PRECE

Mensagens do Espírito
ANDRÉ LUIZ

Chico Xavier e
Antônio Baduy Filho

ide

ISBN 978-65-86112-00-9

1ª edição - março/2020

Copyright © 2020,
Instituto de Difusão Espírita - IDE

Conselho Editorial:
Doralice Scanavini Volk
Wilson Frungilo Júnior

Produção e Coordenação:
Jairo Lorenzeti

Revisão de texto:
Mariana Frungilo Paraluppi

Capa:
Samuel Carminatti Ferrari

Diagramação:
Maria Isabel Estéfano Rissi

INSTITUTO DE DIFUSÃO ESPÍRITA - IDE
Av. Otto Barreto, 967
CEP 13602-060 - Araras/SP - Brasil
Fone (19) 3543-2400
CNPJ 44.220.101/0001-43
Inscrição Estadual 182.010.405.118

www.ideeditora.com.br
editorial@ideeditora.com.br

Todos os direitos reservados. Nenhuma parte desta publicação pode ser reproduzida, armazenada ou transmitida, total ou parcialmente, por quaisquer métodos ou processos, sem autorização do detentor do copyright.

Disse-nos o Senhor:
"Batei e abrir-se-vos-á. Pedi e obtereis".
Este mesmo princípio governa
o campo das vibrações.
Insiste no bem e o bem te garantirá.

EMMANUEL

Este livro é uma coletânea de mensagens do Espírito André Luiz, sendo as ímpares psicografadas pelo médium *Francisco Cândido Xavier* e as pares pelo médium *Antônio Baduy Filho*.

SUMÁRIO

1. Pobreza e riqueza 11
2. Jesus te convida 13
3. Brandura 16
4. Não se esqueça 19
5. Sem caridade 21
6. Recaída 24
7. Acordemos 27
8. É a reencarnação 30
9. Querer e poder 33
10. Ainda é tempo 35
11. Libertemo-nos 39
12. Confia em Jesus 43

13. Você e os outros.............................. 46

14. Sinais de arrogância 50

15. Profilaxia 53

16. A pior cegueira 55

17. Comecemos em nós mesmos 59

18. Renovação interior........................... 63

19. Erre auxiliando.............................. 66

20. Perdão de cada dia 69

21. A língua 72

22. Alguém 75

23. Guardemos a bênção........................ 78

24. Vingança disfarçada........................ 80

25. O mais importante........................... 83

26. Desastre.. 87

27. Lugar do socorro 91

28. Mais interessante............................ 93

29. Comecemos hoje 96

30. É hora... 101

31. Um momento.................................. 103

32. Previdência Divina........................... 106

33. Preceitos de paz e alegria 109

34. Simplesmente 112

35. Não julgues teu irmão 114

36. Chamados e escolhidos 117

37. Auxilia também 119

38. Vencedores 122

39. Acede a luz 125

40. Companheiros difíceis 127

41. Seguindo em frente 130

42. Da mesma forma 132

43. Caridade do dever 134

44. Roteiro seguro 138

45. Pense nisso 141

46. Não compra 144

47. Momento de luz 146

48. Ninguém 150

49. No serviço assistencial 153

50. Ofensa e perdão 156

1

POBREZA E RIQUEZA

O pobre, pobre de humildade e de espírito de serviço, é o irmão dileto do rico, rico de avareza e indiferença.

O pobre, rico de resignação e de atividade no bem, é o companheiro ideal do rico, rico de bondade e entendimento.

Pobreza e riqueza são portas abertas à glorificação espiritual.

Na primeira, é mais fácil aprender a

servir; na segunda, a ciência de dar exibe agradável acesso.

Não vale a pobreza sem a conformação, e ruinosa é a riqueza insensata.

Todos os homens, na intimidade de si mesmos, são defrontados por desafios da carência e da fortuna que os convocam ao esforço de sublimação.

Aquele que se empobrece de ignorância e maldade, buscando enriquecer-se de amor e sabedoria no serviço ao próximo, através do trabalho e do estudo incessantes, adquirindo compreensão e conhecimento, luz e paz, diante das Leis Divinas é, de todos os pobres e de todos os ricos, o homem mais valioso e mais feliz.

2

JESUS TE CONVIDA

Jesus te convida a sair do atoleiro da inferioridade para a terra firme da renovação interior;

do orgulho
para a humildade;

da ambição
para o equilíbrio;

do ressentimento
para o perdão;

da indiferença
para a fraternidade;

da aflição
para a calma;

do egoísmo
para a caridade;

da intolerância
para a indulgência;

da mentira
para a verdade;

do desespero
para a esperança;

da discórdia
para a compreensão;

da mesquinhez
para a bondade;

do ódio
para o amor.

*

Não é fácil seguir o caminho da ascensão espiritual, mas o Evangelho de Jesus é o roteiro certo para a transformação íntima, convidando-te a sair da ilusão do mal para a realidade do bem.

3

BRANDURA

Insignificante é o pingo-d'água, todavia, com o tempo, traça um caminho no corpo duro da pedra.

Humilde é a semente, entretanto, germina com firmeza e produz a espiga que enriquece o celeiro.

Frágil é a flor, contudo, resiste à ventania, garantindo a colheita farta.

Minúscula é a formiga, mas edifica, à

força de perseverança, complicadas cidades subterrâneas.

Submissa é a argila, no entanto, com o auxílio do oleiro, transforma-se em vaso precioso.

Branda é a veste física, que um simples alfinete atravessa, todavia, suporta vicissitudes incontáveis e sustenta o templo do Espírito em aprendizado, por dezenas de lustros, repletos de necessidades e padecimentos morais.

O verdadeiro progresso prescinde da violência.

Tudo é serenidade e sequência na evolução.

Aprendamos com a Natureza e adotemos a brandura por diretriz de nossas realizações para a vida mais alta, mas não a brandura que se acomoda com a inércia, com a perturbação e com o mal, e, sim, aquela que se baseia na paciência construti- va, que trabalha incessantemente e persiste no melhor a fazer, ultrapassando os obstá- culos que a ignorância lhe atira à estrada e superando os percalços da luta, a sustentar- -se no serviço que não esmorece e na es- perança fiel que confia, sem desânimo, na vitória final do bem.

4

NÃO SE ESQUEÇA

Emprego.
E serviço voluntário.

Negócio.
E auxílio ao próximo.

Propriedade.
E bens espirituais.

Dinheiro.
E tesouros da alma.

Autoridade.

E sentimento de amor.

Poder.

E senso de justiça.

Prestígio.

E humildade.

Cultura.

E conhecimento de si mesmo.

✳

Assuma os compromissos materiais, mas não se esqueça das lições do Evangelho.

O reino de Jesus está na vida futura. Contudo, se você se importa com a transformação moral, pode ter a certeza de que já faz parte dele.

5

SEM CARIDADE

Sem a caridade do trabalho para as suas mãos, o seu descanso pode transformar-se em preguiça.

Sem a caridade da tolerância, o seu trabalho seguirá repleto de entraves.

Sem a caridade da simpatia para com os necessitados de qualquer procedência, as suas palavras de corrigenda serão nulas.

Sem a caridade da gentileza, a sua vida

social e doméstica será sempre um purgatório de incompreensões.

Sem a caridade da desculpa fraterna, seus problemas seguirão aumentados.

Sem a caridade da lição repetida, o seu esforço não auxiliará a ninguém.

Sem a caridade da cooperação, a sua tarefa pode descer ao isolamento enfermiço.

Sem a caridade do estímulo ao companheiro que luta, sofre e chora, no trato com as próprias imperfeições, o orgulho se lhe fará petrificado na própria alma.

Sem a caridade do auxílio incessante aos pequeninos, a vaidade viverá fortalecida em nosso espírito invigilante.

Sem a caridade do entendimento amigo, a sua franqueza será crueldade.

Sem a caridade do concurso desinteressado e fraterno, as suas dificuldades crescerão indefinidamente.

Sem a caridade em nosso caminho, tudo se converterá em inquietude, sombra e sofrimento. Por isso mesmo, adverte-nos o Evangelho — "fora da caridade ou fora do amor não existe realmente salvação."

6

RECAÍDA

Orgulho é inútil.
Atrasa a evolução.

Violência é barreira.
Impede o progresso.

Egoísmo é nevoeiro.
Encobre a caridade.

Inveja é muralha.
Tolhe a cooperação.

Mesquinhez é vício.
Adoece a bondade.

Mágoa é obstáculo.
Complica o perdão.

Melindre é espinho.
Dificulta o auxílio.

Ódio é veneno.
Elimina o amor.

✳

Essas imperfeições não existem nos mundos regeneradores, mas aí o Espírito ainda está sujeito a recaída na expiação, caso não se firme no caminho da renovação íntima.

Garanta, pois, a vitória do bem à sua volta, estude, medite, trabalhe e sirva sem interesse, buscando a inspiração do Evangelho de Jesus e transformando para melhor o mundo em que você vive, sem esquecer que o vencedor autêntico está sempre em combate contra o mal em si mesmo.

7

ACORDEMOS

É sempre fácil

examinar as consciências alheias,

identificar os erros do próximo,

opinar em questões que não nos dizem respeito,

indicar as fraquezas dos semelhantes,

educar os filhos dos vizinhos,

reprovar as deficiências dos companheiros,

corrigir os defeitos dos outros,

aconselhar o caminho reto a quem passa,

receitar paciência a quem sofre

e retificar as más qualidades de quem segue conosco...

Mas enquanto nos distraímos,

em tais incursões a distância de nós mesmos, não passamos de aprendizes que fogem, levianos, à verdade e à lição.

Enquanto nos ausentamos do estudo de nossas próprias necessidades, olvidando a aplicação dos princípios superiores que abraçamos na fé viva, somos simplesmente cegos do mundo interior, relegados à treva...

Despertemos a nós mesmos, acordemos nossas energias mais profundas para que o ensinamento do Cristo não seja para nós uma bênção que passa sem proveito à nossa vida,

porque o infortúnio maior de todos para a nossa alma eterna é aquele que nos infelicita quando a graça do Alto passa por nós em vão!....

8

É A REENCARNAÇÃO

Enfermidade dolorosa?
É a reencarnação corrigindo.

Conflito íntimo?
É a reencarnação funcionando.

Família exigente?
É a reencarnação aproximando.

Parente antipático?
É a reencarnação reconciliando.

Filho problemático?

É a reencarnação cobrando.

Casamento complicado?

É a reencarnação reajustando.

Convivência difícil?

É a reencarnação ensinando.

Vida apertada?

É a reencarnação agindo.

*

Dificuldades de hoje são resgates de dívidas antigas, promovendo a evolução no curso das vidas sucessivas.

Esforça-te, pois, no autoaprimoramento e busca, no Evangelho de Jesus, os critérios de renovação íntima, na certeza de que a vida alicerçada no bem é a reencarnação te melhorando.

9

QUERER E PODER

Quando você não possua o que deseja, você pode valorizar aquilo que tem.

Se não consegue obter a afeição daqueles a quem mais ama, não se esqueça de se dedicar aos que amam a você, especialmente quando necessitem de seu concurso.

Quando não se lhe faça possível criar a grande alegria que alguém lhe solicite, você pode doar a esse alguém o sorriso que menos lhe custa.

Se não dispõe de recursos para colaborar com o muito com que estimaria brindar a essa ou àquela realização de beneficência, oferte a migalha ao seu alcance.

O essencial não é o tamanho do bem que se queiram, e sim o tamanho do amor que você coloque no bem que se decida a fazer.

10

AINDA É TEMPO

É provável que, ainda agora, te vejas consumido pela amargura, lamentando os momentos infelizes, que te levaram a erros e desvios.

※

Cobriste de ilusões a alma frágil e in-gênua, que seduziste por capricho, decla-mando promessas impossíveis de cumprir.

Injuriaste o corpo físico com abusos

de toda espécie, indiferente aos apelos da moderação, minando a saúde e o equilíbrio.

Sorveste a taça de prazeres desvairados, em aventuras inconsequentes, dilapidando o patrimônio das horas e as possibilidades de realização.

Cultivaste vantagens ilegítimas, movido por ambição e egoísmo, prejudicando o direito alheio.

Abraçaste o vício por companheiro inseparável, surdo às advertências amigas, destruindo a dignidade própria e a harmonia interior.

Desperdiçaste talento e inteligência, desprezando o dever nobre, para caíres no precipício do comodismo e da inutilidade.

✳

Agora que reencontras o Cristo em teu caminho, buscando os ensinamentos da Boa Nova, sentes o aguilhão da consciência e te vergas ao peso do remorso. Pensas nos prejuízos que causaste, nas dores que infligiste, nos desenganos que espalhaste, no tempo que perdeste. E, no segredo de tua solidão, choras em silêncio, imaginando-te a pior das criaturas.

É verdade que não podes fugir às consequências de teus atos. Entretanto, Deus é juiz amorável, que distribui justiça e misericórdia, ofertando-te, a cada momento, a oportunidade de renovação íntima.

Ainda é tempo de construir o bem. À tua volta, pululam aflições e necessidades, lágrimas e infortúnios, à espera do carinho de tuas mãos operosas e benevolentes. Não tenhas medo de recomeçar e, tomando o Evangelho por roteiro de vida, segue adiante, ama, trabalha, ajuda e confia sempre na Providência Divina.

*

Não estás sozinho nessa estrada redentora. Jesus acompanha teus passos vacilantes, sustentando-te a coragem e o ânimo. E toda vez que sucumbes à paralisia do remorso, o Mestre Divino afaga-te o coração dilacerado e, acreditando na sinceridade de teus propósitos, fala à tua alma com firmeza e amor:

— Levanta-te e anda.

11

LIBERTEMO-NOS

O homem, na essência, é um Espírito imortal, usando a vestimenta transitória da vida física.

A existência regular no corpo terrestre é uma série de alguns milhares de dias – átomos de tempo na Imortalidade – concedidos à criatura para o aprendizado de elevação.

A Crosta do Mundo é o campo benemérito, onde cada um de nós realiza a sementeira do próprio destino.

A ciência é o serviço do raciocínio, erguendo a escola do conhecimento.

A filosofia é o sistema de indagação que auxilia a pensar.

A religião, porém, é a bússola brilhante, indicando, desde a Terra, o caminho da ascensão.

Todos nós somos herdeiros da Sabedoria Infinita e do Amor Universal.

Entretanto, sem o arado do trabalho, com que possamos adquirir os valores inalienáveis da experiência, prosseguiremos colados ao seio maternal do Planeta, na condição de lesmas pensantes.

Não repouses à frente do dia rápido.

Abre os ouvidos à sinfonia do bem, que se derrama em toda parte.

Abre os olhos à contemplação da verdade que regenera e edifica.

Abre a mente aos ideais superiores que refundem a existência.

Abre os braços ao serviço salutar.

Descerra o verbo à exaltação da bondade e da luz.

Abre as mãos à fraternidade, auxiliando o próximo.

Abre, sobretudo, o coração ao amor que nos redime, convertendo-nos fielmente em companheiros do Amigo Sublime das

Criaturas, que partiu do mundo de braços abertos na cruz, oferecendo-se à Humanidade inteira.

Cada inteligência tocada pela claridade religiosa, nas variadas organizações da fé viva, é uma estrela que ilumina os remanescentes da ignorância e do egoísmo, no caminho terrestre.

Liberta-te e sobe à luz do píncaro, a fim de iluminares a marcha daqueles mais necessitados que tu mesmo, na jornada de aperfeiçoamento e libertação.

12

CONFIA EM JESUS

Há longo tempo trazes o coração apunhalado de tristezas.

✳

Choras a ausência do filho querido, que a morte te arrebatou ao convívio, transformando tuas horas em fardo pesado de angústias.

Carregas nos ombros doloridos a cruz de preocupações aflitivas, arrancando-te lágrimas copiosas, no silêncio das noites insones.

Lamentas a partida do companheiro que, embriagado de ilusões, atirou-se ao mar revolto das aventuras fáceis.

Padeces a enfermidade dolorosa que castiga teu corpo frágil e cansado, torturando-te os dias de convivência familiar.

Suportas o desespero da solidão, abandonado à própria sorte por muitos que te prometeram apoio e solidariedade.

Sentes o estilete cruel da ingratidão cortando-te as fibras mais íntimas, o veneno da calúnia arruinando-te a coragem, o fel da ironia amargurando-te o entusiasmo.

✳

Entretanto, apesar de todas as dores que te afligem o coração fatigado e oprimido, não te entregues ao desânimo ou à revolta.

Ao contrário, cultiva a esperança, ama, perdoa, trabalha e serve, sustentando a fé em Jesus. E, na hora mais difícil, quando tudo parecer perdido, lembra-te do Mestre Divino, e Ele, que sempre esteve junto de ti, falar-te-á aos ouvidos da alma com firmeza e doçura: "Não tenhas medo, estou aqui. Crê em Deus, crê em mim também".

13

VOCÊ E OS OUTROS

Amigo, atendamos ao apelo da fraternidade.

Abra a própria alma às manifestações generosas para com todos os seres, sem trancar-se na torre de falsas situações, à frente do mundo.

A pretexto de viver com dignidade, não caminhe indiferente ao passo dos outros.

Busque relacionar-se com as pessoas

de todos os níveis sociais, erguendo amigos além das fronteiras do lar, da fé religiosa e da profissão.

Evite a circunspecção constante e a tristeza sistemática que geram a frieza e sufocam a simpatia.

Não menospreze a pessoa malvestida nem a pessoa bem-posta.

Não crie exceções na gentileza, para com o companheiro menos experiente ou menos educado, nem humilhe aquele que atenta contra a gramática.

Não deixe meses sem visitar e falar aos irmãos menos favorecidos, como quem lhes ignora os sofrimentos.

Não condiciones as relações com os

outros ao paletó e à gravata, às unhas esmaltadas ou aos sapatos brilhantes, que possam mostrar.

Não se escravize a títulos convencionais nem amplie as exigências da sua posição em sociedade.

Dê atenção a quem lha peça, sem criar empecilhos.

Trave conhecimento com os vizinhos, sem solenidade e sem propósitos de superioridade.

Faça amizades desinteressadamente.

Aceite o favor espontâneo e preste serviço, também sem pensar em remuneração.

Ninguém pode fugir à convivência da Humanidade.

Saiba viver com todos, para que o orgulho não lhe solape o equilíbrio.

Quem se encastela na própria personalidade é assim como o poço de água parada, que envenena a si mesmo.

Seja comunicativo.

Sorria à criança.

Cumprimente o velhinho.

Converse com o doente.

Liberte o próprio coração, destruindo as barreiras de conhecimento e fé, título e tradição, vestimenta e classe social, existentes entre você e as criaturas, e a felicidade que você fizer para os outros será luz da felicidade sempre maior, brilhando em seu caminho.

14

SINAIS DE ARROGÂNCIA

O orgulho transforma as melhores intenções em realidades desastrosas. Ainda quando desejas fazer o bem, a arrogância atrapalha.

*

Ofereces ajuda,
mas revelas superioridade.

Dás a esmola,
mas não evitas o desprezo.

Ouves o infeliz,
mas não ocultas a apatia.

Visitas o doente,
mas conservas distância.

Trabalhas na assistência,
mas exiges privilégios.

Fazes a doação,
mas queres reconhecimento.

Atendes o sofredor,
mas não desces do pedestal.

Estás no grupo de auxílio,
mas rejeitas a tarefa menor.

Cultivas o ideal de servir,
mas alimentas a competição.

Participas da instituição religiosa,
mas reclamas os primeiros lugares.

＊

Se te encontras no caminho da renovação íntima à luz do Evangelho, combate com rigor os sinais de arrogância, a fim de que ela não interfira no exercício da fé, pois o orgulhoso, embora pareça aceitar a vontade divina, na verdade pensa que Deus está à sua disposição.

15

PROFILAXIA

Se a maledicência visita o seu caminho, use o silêncio antes que a lama revolvida se transforme em tóxicos letais.

Se a cólera explode ao seu lado, use a prece, a fim de que o incêndio não se comunique às regiões menos abrigadas de sua alma.

Se a incompreensão lhe atira pedradas, use o silêncio, em seu próprio favor, imobilizando os monstros mentais que a crueldade desencadeia nas almas frágeis e enfermiças.

Se a antipatia gratuita surpreende as suas manifestações de amor, use a prece, facilitando a obra da fraternidade que o Mestre nos legou.

O silêncio e a prece são os antídotos do mal, amparando o Reino do Senhor, ainda nascente no mundo.

Se você pretende a paz no setor de trabalho que Jesus lhe confiou, não se esqueça dessa profilaxia da alma, imprescindível à vitória sobre a treva e sobre nós mesmos.

16

A PIOR CEGUEIRA

Há muita gente que enxerga a provação, mas não vê a oportunidade de ajudar.

*

Enxerga a miséria,
mas não vê o auxílio.

Enxerga a fome,
mas não vê o socorro.

Enxerga a doença,
mas não vê o alívio.

Enxerga o tormento,
mas não vê a solução.

Enxerga o desajuste,
mas não vê o recurso.

Enxerga o fracasso,
mas não vê o incentivo.

Enxerga o desespero,
mas não vê o consolo.

Enxerga a solidão,
mas não vê o apoio.

Enxerga o abandono,
mas não vê o conforto.

Enxerga o desânimo,
mas não vê o estímulo.

Enxerga o sofrimento,
mas não vê o lenitivo.

Enxerga o infortúnio,
mas não vê o amparo.

*

A privação da vista é prova dolorosa, cujas raízes remontam ao passado de
dívidas.

Contudo, a pior cegueira é aquela que impede a visão da caridade, porque você enxerga o próximo em desvantagem e não vê o bem que lhe pode fazer.

17

COMECEMOS EM NÓS MESMOS

Ensina a caridade, dando aos outros algo de ti mesmo, em forma de trabalho e carinho, e aqueles que te seguem os passos virão ao teu encontro, oferecendo ao bem quanto possuem.

Difunde a humildade, buscando a Vontade Divina com esquecimento de teus caprichos humanos, e os companheiros de ideal, fortalecidos por teu exemplo, olvidarão a si mesmos, calando as manifestações de vaidade e de orgulho.

Propaga a fé, suportando os reveses de teu próprio caminho, com valor moral e fortaleza infatigável, e quem te observa crescerá em otimismo e confiança.

Semeia a paciência, tolerando construtivamente os que se fazem instrumentos de tua dor no mundo, auxiliando sem desânimo e amparando sem reclamar, e os irmãos que te buscam mobilizarão os impulsos de revolta que os fustigam, na luta de cada dia, transformando-a em serena compreensão.

Planta a bondade, cultivando com todos a tolerância e a gentileza, e os teus associados de ideal encontrarão contigo a necessária inspiração para o esforço de extinção da maldade.

Estende as noções do serviço e da responsabilidade, agindo incessantemente na religião do dever cumprido, e os amigos do círculo pessoal envergonhar-se-ão da ociosidade.

As boas obras começam de nós mesmos.

Educaremos, educando-nos.

Não faremos a renovação da paisagem de nossa vida sem renovar-nos.

Somos arquitetos de nossa própria estrada e seremos conhecidos pela influência que projetamos naqueles que nos cercam.

Que o Espírito de Cristo nos infunda

a decisão de realizar o autoaprimoramento, para que nos façamos intérpretes do Espírito do Cristo.

A caridade que salvará o mundo há de regenerar-nos primeiramente.

Sigamos ao encontro do Mestre, amando, aprendendo e servindo, e o Mestre, hoje ou amanhã, virá ao nosso encontro, premiando-nos a perseverança com a luz da ressurreição.

18

RENOVAÇÃO INTERIOR

Não é o revólver que mata, mas o ódio de quem atira.

Não é a boca que ofende, mas a cólera de quem fala.

Não é o veículo que atropela, mas a imprudência de quem dirige.

Não é a mão que esmurra, mas a raiva de quem bate.

Não é a caneta que falsifica, mas a vontade de quem escreve.

Não é o pé que agride, mas a fúria de quem escoiceia.

Não é o porrete que dilacera, mas a revolta de quem ataca.

Não é o olho que bisbilhota, mas a maldade de quem enxerga.

Não é a pedra que machuca, mas a violência de quem arremessa.

Não é a língua que engana, mas a intenção de quem mente.

✳

Inútil dizer que o corpo é o responsável pelas imperfeições morais, ele é só instrumento dos anseios do Espírito.

Orienta, pois, teus passos no caminho do bem e, inspirado pelas lições de Jesus, busca a renovação interior, recordando que o corpo atende aos reclamos da alma, da mesma forma que o machado é obediente aos movimentos do lenhador.

19

ERRE AUXILIANDO

Auxilie a todos para o bem.

Auxilie sem condições.

Ainda mesmo por despeito, auxilie sem descansar, na certeza de que, assim, muitas vezes, poderá você conquistar a cooperação dos próprios adversários.

Ainda mesmo por inveja, auxilie infatigavelmente, porque, desse modo, acabará você assimilando as qualidades nobres daqueles que respiram em Plano Superior.

Ainda mesmo por desfastio, auxilie espontaneamente aos que lhe cruzam a estrada, porque, dessa forma, livrar-se-á você dos pesadelos da hora inútil, surpreendendo, por fim, a bênção do trabalho e o templo da alegria.

Ainda mesmo por ostentação, auxilie a quem passa sob o jugo da necessidade e da dor, porque, nessa diretriz, atingirá você o grande entendimento, descobrindo as riquezas ocultas do amor e da humildade.

Ainda mesmo sob a pressão de grande constrangimento, auxilie sem repouso, porque, na tarefa do auxílio, receberá a colaboração natural dos outros, capaz de solver-lhe os problemas e extinguir-lhe as inibições.

Ainda mesmo sob o império da aversão, auxilie sempre, porque o serviço ao próximo dissolver-lhe-á todas as sombras, na generosa luz da compreensão e da simpatia.

Erre auxiliando.

Ainda mesmo nos espinheiros da mágoa ou da ilusão, auxilie sem reclamar o auxílio de outrem, servindo sem amargura e sem paga, porque os erros, filhos do sincero desejo de auxiliar, são também caminhos abençoados que, embora obscuros e pedregosos, nos conduzem o Espírito às alegrias do Eterno Bem.

20

PERDÃO DE CADA DIA

São muitas as possibilidades de exercício do perdão nas situações mais corriqueiras da vida diária, tais como:

brincadeira de mau gosto;

desatenção do amigo;

hipocrisia do parente;

chacota do companheiro;

rispidez do chefe;

hostilidade do colega;

mau humor do marido;

irritação da esposa;

impertinência do filho;

mesquinhez do irmão;

negligência do balconista;

desrespeito do genro;

implicância da sogra;

inconveniência do vizinho;

destempero verbal no trânsito;

agressividade gratuita.

*

É verdade que o mérito do perdão
é tanto maior quanto mais grave o ataque

à dignidade do ofendido. Contudo, não te esqueças da desculpa simples e anônima às pequenas ofensas.

Apoia-te nas lições de Jesus e aprende a exercitar o perdão de cada dia para as faltas daqueles que te partilham a convivência.

A planta não dispensa a chuva abundante na estação apropriada, mas agradece da mesma forma o sereno de cada noite.

21

A LÍNGUA

Não obstante pequena e leve, a língua é, indubitavelmente, um dos fatores determinantes no destino das criaturas.

Ponderada – favorece o juízo.

Leviana – descortina a imprudência.

Alegre – espalha otimismo.

Triste - semeia desânimo.

Generosa – abre caminho à elevação.

Maledicente – cava despenhadeiros.

Gentil – provoca o reconhecimento.

Atrevida – atrai o ressentimento.

Serena – produz calma.

Fervorosa – impõe confiança.

Descrente – invoca a frieza.

Bondosa – auxilia sempre.

Descaridosa – fere sem perceber.

Sábia – ensina.

Ignorante – complica.

Nobre – cria o respeito.

Sarcástica – improvisa o desprezo.

Educada – auxilia a todos.

Inconsciente – gera desequilíbrio.

Por isso mesmo, exortava Jesus:

— "Não procures o argueiro nos olhos de teu irmão, quando trazes uma trave nos teus."

A língua é a bússola de nossa alma, enquanto nos demoramos na Terra

Conduzamo-la, na romagem do mundo, para a orientação do Senhor, porque, em verdade, ela é a força que abre as portas do nosso coração às fontes da vida ou às correntes da perturbação e da morte.

22

ALGUÉM

Você não vence o egoísmo de uma só vez, mas pode alcançar pequenas e seguidas vitórias na vivência diária.

*

Alguém, na condução lotada, está de pé e desconfortável. Ofereça o assento.

Alguém, em fila qualquer, está aflito. Ceda a frente.

Alguém, na sala de espera, está impaciente. Dê o seu lugar.

Alguém, à mesa, está com mais fome. Sirva-se depois.

Alguém, no escritório, é inexperiente. Forneça os detalhes.

Alguém, na calçada estreita, está com pressa. Afaste-se sem barulho.

Alguém, na rua, pede-lhe o favor da informação. Atenda.

Alguém, no trânsito, insiste com a buzina. Deixe passar.

Alguém, no clube, está sem ambiente. Facilite a situação.

Alguém, na família, exige mais. Vá além do simples dever.

*

São atitudes simples, tidas à conta de boa educação, mas realmente são os primeiros passos no campo da solidariedade.

Sirva sempre alguém em dificuldade, ainda que ele não lhe peça, pois esse alguém é o amigo que o ajuda a vencer o egoísmo.

23

GUARDEMOS A BÊNÇÃO

Se a tua aflição não apoia aos que te observam;

se o pranto da queda te não auxilia a perdoar e a compreender;

se a experiência não te ensina;

se a chaga não te lega benefícios;

se a tua preocupação não serve ao bem dos demais;

se a tua responsabilidade não é sentida, vivida e sofrida;

se a tua esperança não produz alegria para os outros;

se a prova não é para tua alma a instrutora ideal;

se a amargura te não faz mais doce;

e se o sofrimento não te dá mais compreensão;

em verdade,

regressarás, apressadamente, logo depois da morte,

às lutas educativas da Terra, porque a dor

— a divina escultora da vida —

terá sido em ti mesmo

a candeia apagada

em cinza espessa e vã.

24

VINGANÇA DISFARÇADA

A vingança também se disfarça no ato de bondade. Às vezes, você aproveita o gesto de auxílio para desforrar a mágoa antiga.

*

Ajuda,
mas humilha.

Apoia,
mas ironiza.

Orienta,
mas agride.

Socorre,
mas malicia.

Ampara,
mas censura.

Visita,
mas repara.

Tolera,
mas critica.

Compreende,
mas desmerece.

Consola,
mas despreza.

Desculpa,
mas se afasta.

❉

Preste atenção ao ressentimento silencioso que contamina suas possibilidades de amor, para que você, querendo ajudar, não use o remédio misturado ao veneno.

25

O MAIS IMPORTANTE

Provavelmente, você estará atravessando longa faixa de provações em que o ânimo quase que se lhe abate.

Crises e problemas apareceram.

Entretanto, paz e libertação, esperança e alegria dependem de sua própria atitude.

Se veio a colher ofensa ou menosprezo, você mesmo pode ser o perdão e a tolerância, doando aos agressores o passaporte para o conhecimento deles próprios.

Se dificuldades lhe contrariaram a expectativa de autorrealização, nesse ou naquele sentido, a sua paciência lhe fará ver os pontos fracos que precisa anular a fim de atingir a concretização dos seus planos em momento mais oportuno.

Se alguém lhe impôs decepções, o seu entendimento fraterno observará que isso é uma bênção da vida, imunizando-lhe o Espírito contra a aquisição de pesados e amargos compromissos futuros.

Se experimenta obstáculos na própria sustentação, o seu devotamento ao trabalho lhe conferirá melhoria de competência, e a melhoria de competência lhe alteará o nível de compensações e recursos.

Se você está doente, é a sua serenidade, com a sua cooperação, que se fará base essencial de auxílio aos médicos e companheiros que lhe promovem a cura.

Se sofre a incompreensão de pessoas queridas, é a sua bondade, com o seu desprendimento, que se lhe transformará em arrimo para que os entes amados retornem ao seu mundo afetivo.

Evite as complicações de rebeldia e inconformidade, ódio e inveja, egoísmo e desespero, que apenas engrossarão o seu somatório de angústia.

Mudanças, aflições, anseios, lutas, desilusões e conflitos sempre existiram no caminho da evolução; por isso mesmo, o mais importante não é aquilo que aconteça, e sim o seu modo de reagir.

26

DESASTRE

Você atravessa hora difícil, mas não se entregue à autocomiseração.

✳

Abala-se com a morte do filho. Sofre intensamente a separação. Mas não adianta ter dó de si próprio.

Levante-se e siga adiante.

Fracassa em determinado projeto.

Lamenta o investimento sem proveito. Mas não resolve sentir-se vítima.

Aprenda com o erro e continue trabalhando.

Perde o prêmio na competição. Experimenta o sabor da derrota. Mas não convém chorar por si mesmo.

Retempere-se e prossiga no caminho.

Sabe de sua enfermidade. Passa por momentos atribulados. Mas é inútil a tristeza sem fim.

Trate-se e valorize a vida.

Não tem o apoio esperado. Permanece sozinho na luta. Mas é perda de tempo o desânimo.

Encoraje-se e mantenha o compromisso.

É alvo de trama bem urdida. Paga com amargura pelo que não fez. Mas não vale a pena o lamento.

Confie em Deus e conserve a paz.

*

Piedade para com o próximo é virtude, mas compaixão por si mesmo é desastre, atrasando a vitória do bem.

Diante do sofrimento que as frustrações lhe trazem, lembre-se das vidas sucessivas e da Lei Divina que cobra os deslizes do passado.

Na provação, em sã consciência, ninguém é vítima. É o algoz de ontem, agora submetido à dor para a necessária reparação.

27

LUGAR DO SOCORRO

Estará você sofrendo desencantos...

Varando enormes dificuldades...

Suportando empeços com os quais não contava...

O trabalho em suas mãos, muitas vezes, se lhe afigura em fardo difícil de carregar...

Falham recursos previstos...

Contratempos se seguem uns aos outros...

Tribulações de entes amados lhe martelam a resistência...

A enfermidade veio ao seu encontro...

Entretanto, prossiga agindo e cooperando, em favor dos outros.

Não interrompa os seus passos no serviço do bem, porque justamente na execução dos seus próprios encargos é que os Mensageiros de Deus encontrarão os meios de trazerem a você o socorro preciso.

28

MAIS INTERESSANTE

Repare quantas vezes seu filho mostra uma tendência má e você interpreta diferente.

*

Revela orgulho. E você logo se manifesta: é sistemático.

Age com egoísmo. E você deduz: cuida do que é dele.

.É agressivo. E você rapidamente declara: tem personalidade.

Porta-se com atrevimento. E você justifica: é inteligente.

Rejeita obediência. E você exclama: possui opinião própria.

Desrespeita orientação. E você conclui: sabe o que quer.

Foge da disciplina. E você observa depressa: é esperto.

Reage com violência. E você afirma: está se defendendo.

*

Tal conduta fortalece os impulsos viciosos do passado e desperdiça a oportunidade de corrigi-los no presente.

Fique atento, pois, à responsabilidade que Deus lhe concede na condução de outros Espíritos ao caminho da evolução.

Compreenda que amar os filhos não é agradá-los sempre, mas ensinar-lhes que a conquista do bem exige perseverança no aperfeiçoamento próprio.

De qualquer maneira, se não houver êxito nesta existência, a tarefa continua em outras vidas.

Mais interessante é você não se enganar a si mesmo.

29

COMECEMOS HOJE

Não diga que você pratica as lições do Evangelho, ante a luz do Espiritismo, simplesmente por lhe debater os problemas.

A palavra edificante é uma Bênção do Céu, mas há sonâmbulos do verbo notável, sem serem loucos. Falam de maneira brilhante, embora dormindo.

E todos podemos sofrer semelhante calamidade.

Em nosso testemunho de aplicação com Jesus, é preciso fazer algo.

Acorde, pois, trabalhando.

Lembre-se de que o próximo espera por seu auxílio.

Mexa-se, de algum modo, para ajudar.

Pinte, com o próprio esforço, a casa onde você mora, dando-lhe aspecto mais agradável.

Lave a louça da mesa que o serviu.

Limpe uma ferida que sangra.

Apare as unhas de um paralítico.

Guie um cego na praça pública.

Garanta a higiene, onde você estiver.

Acomode o próprio corpo com

atenção, de maneira a não incomodar o vizinho, no veículo de condução coletiva.

Carregue uma criança de colo para que essa ou aquela mãezinha fatigada descanse por alguns minutos.

Costure para os necessitados.

Dê um café aos filhos do infortúnio.

Distribua, com alegria, as sobras da refeição.

Antes que apodreça, entregue a roupa supérflua ao companheiro andrajoso.

Reparta o pão com o menino infeliz que, muitas vezes, observa-lhe o conforto pela vidraça.

Plante uma árvore útil.

Enderece uma gentileza aos amigos, procurando ocultar-se.

Estenda braços fraternos, ainda mesmo por um simples momento, aos que forem surpreendidos pela enfermidade, na rua.

Adquira um comprimido balsamizante para o irmão que acuse dor de cabeça.

Faça o favor de transportar espontaneamente os pequeninos fardos que pesam nas mãos alheias.

Confie um livro nobre à circulação no ambiente doméstico.

Ofereça uma flor ao enfermo.

Preste, com bondade, a informação que lhe solicitam.

Dê alguns cruzeiros em favor das boas obras, sem a preocupação de fiscalizar.

Comecemos agora.

Não creia que o barulho de fora consiga despertar-nos

Ante a pressão externa, mais se esconde a tartaruga na carapaça.

Entretanto, o ruído de nossas próprias mãos no trabalho construtivo renova-nos a mente.

Hoje, você enriquece o serviço do senhor com alguma cousa.

Amanhã, porém, o serviço do Senhor será tesouro crescente em seu caminho.

30

É HORA

Qualquer momento é hora de caridade.

*

Você trabalha. Tem o colega difícil. É hora da indulgência.

Você pede o favor. Percebe a má vontade. É hora do entendimento.

Você está com a família. Convive com problemas. É hora da paciência.

Você cruza com o amigo. Não recebe atenção. É hora da desculpa.

Você encontra o vizinho. O assunto incomoda. É hora da benevolência.

Você diz o que pensa. Não é compreendido. É hora da tolerância.

Você cumpre o dever. Ouve a ofensa. É hora do perdão.

*

Ninguém precisa de ocasião especial para exemplificar os ensinamentos de Jesus. Você conhece o Evangelho. Sabe o que tem de fazer. É hora de agir.

31

UM MOMENTO

Antes de se negar aos apelos da caridade, medite um momento nas aflições dos outros.

Imagine você no lugar de quem sofre.

Observe os irmãos relegados aos padecimentos da rua e suponha-se constrangido a semelhante situação.

Repare o doente desamparado e considere que amanhã provavelmente seremos nós candidatos ao socorro na via pública.

Examine o ancião fatigado e reflita que, se a desencarnação não chegar em breve, não escapará você da velhice.

Contemple as crianças necessitadas, lembrando os próprios filhos.

Quando a ambulância deslize rente ao seu passo, conduzindo o enfermo anônimo, pondere que talvez um parente nosso extremamente querido encontre-se a gemer dentro dela.

Escute pacientemente os companheiros entregues à sombra do grande infortúnio e recorde que, em futuro próximo, é possível estejamos na travessia das mesmas dificuldades.

Fite a multidão dos ignorantes e fracos, cansados e infelizes, julgando-se entre eles, e mentalize a gratidão que você sentiria perante a migalha de amor que alguém lhe ofertasse.

Pense um momento em tudo isso e você reconhecerá que a caridade para nós todos é simples obrigação.

32

PREVIDÊNCIA DIVINA

Faça economia,
mas não recuse ajuda ao próximo.

Guarde dinheiro,
mas entregue a moeda ao pedinte.

Compre a propriedade,
mas não rejeite o pedido de socorro.

Acumule bens,
mas ofereça a roupa ao maltrapilho.

Adquira a apólice de seguro,
mas não negue o alimento ao faminto.

Amplie os investimentos,
mas auxilie o enfermo sem recursos.

Tenha aplicações financeiras,
mas não afaste alguém em dificuldade.

Reserve o pecúlio para depois,
mas ajude agora o irmão que precisa.

Aumente o patrimônio,
mas não esqueça o exercício do bem.

Garanta a sobrevivência dos seus,
mas pense também na vida dos outros.

✳

É natural que você se preocupe com os dias vindouros e queira segurança para si e a família. Isto, porém, não significa desconhecer o próximo.

Guarde para o futuro, mas lembre-se das lições de Jesus e não deixe de ajuntar também os bens espirituais, praticando a caridade, na certeza de que ela é a poupança mais importante, porque rende, o tempo todo, felicidade e paz, com a garantia da Previdência Divina.

33

PRECEITOS DE PAZ
E ALEGRIA

Considerar quem surge, seja quem seja, por pessoa a quem devemos acatamento e serviço.

Para caminhar, a cabeça mais sábia não prescinde dos pés.

Nada julgar através de aparências.

Cada um de nós traz uma região indevassável nos recessos do Espírito, onde unicamente a Sabedoria de Deus pode, com segurança, conhecer os nossos intentos e avaliar o porquê das nossas decisões.

Respeitar os alheios pontos de vista.

É da Divina Lei que toda criatura tenha o seu lugar ao Sol.

Evitar reações negativas.

Os outros esperam de nós a simpatia e a bondade que aguardamos de todos eles.

Construir o nosso caminho particular para ir ao encontro dos semelhantes, a fim de ajudá-los de alguma forma.

Somos compreensivelmente gratos ao carinho espontâneo e discreto de alguém que se disponha a entender-nos e auxiliar--nos.

Abster-se de cultivar ou causar qualquer ressentimento.

Reflitamos na lição silenciosa do Céu, rechaçando pacientemente, cada manhã, a influência da sombra.

Aproveitar o benefício do sofrimento.

Para conseguir a firmeza do aço e a formosura da porcelana, é impossível dispensar o concurso do fogo.

Perdoar sem condições.

Em matéria de fraquezas, nenhum de nós pode medir a própria resistência, entendendo-se que Deus nos confere ampla liberdade na experiência, infundindo-nos, ao mesmo tempo, a luz da tolerância, como princípio inalienável, em nosso processo de autoaperfeiçoamento e educação.

34

SIMPLESMENTE

Você busca a perfeição com perseverança.

✳

Busca no amor. Sacrifica-se. Sofre. E percebe que ainda tem raiva.

Busca na caridade. Dedica-se. Ajuda. E percebe que ainda é egoísta.

Busca na concórdia. Fala. Argumenta. E percebe que ainda se irrita.

Busca na paz. Conversa. Harmoniza. E percebe que ainda é agressivo.

Busca na humildade. Suporta. Silencia. E percebe que ainda é orgulhoso.

Busca no perdão. Esquece. Contorna. E percebe que ainda se vinga.

Busca na solidariedade. Ampara. Serve. E percebe que ainda compete.

Busca na paciência. Compreende. Aguarda. E percebe que ainda é agitado.

✳

Ninguém é perfeito, mas cada um tem o compromisso de tentar o esforço na prática do bem.

É simplesmente isso que Jesus espera de você.

35

NÃO JULGUES TEU IRMÃO

Amigo.

Examina o trabalho que desempenhas.

Analisa a própria conduta.

Observa os atos que te definem.

Vigia as palavras que proferes.

Aprimora os pensamentos que emites.

Pondera as responsabilidades que recebeste.

Aperfeiçoa os próprios sentimentos.

Relaciona as faltas em que, porventura, incorreste.

Arrola os pontos fracos da própria personalidade.

Inventaria os débitos em que te inseriste.

Sê o investigador de ti mesmo, o defensor do próprio coração, o guarda de tua mente.

Mas, se não deténs contigo a função do juiz, chamado à cura das chagas sociais, não julgues o irmão do caminho, porque não existem dois problemas absolutamente iguais, e cada Espírito possui um campo de manifestações particulares.

Cada criatura tem o seu drama, a sua aflição, a sua dificuldade e a sua dor.

Antes de julgar, busca entender o próximo e compadece-te, para que a tua palavra seja uma luz de fraternidade no incentivo do bem.

E, acima de tudo, lembra-te de que amanhã outros olhos pousarão sobre ti, assim como agora a tua visão se demora sobre os outros.

Então, serás julgado pelos teus julgamentos e medido segundo as medidas que aplicas aos que te seguem.

36

CHAMADOS E ESCOLHIDOS

Socorra o faminto, mas não o torture com recriminações.

Dê agasalho a quem precisa, mas não mostre má vontade.

Ajude o necessitado de apoio, mas não exija explicações desnecessárias.

Oriente o irmão em dúvida, mas não lhe dirija palavras duras.

Visite o amigo enfermo, mas evite a conversa inoportuna.

Ouça o desabafo do vizinho infeliz, mas não demonstre impaciência.

Ampare o companheiro impertinente, mas não aja com intolerância.

Participe do grupo de assistência, mas não se deixe dominar pelo mau humor.

*

A oportunidade de auxiliar o próximo é sempre um teste do compromisso com Jesus, porque, entre os muitos chamados para a seara do Evangelho, jamais serão os escolhidos aqueles que estendem as mãos para servir, mas facilmente as transformam em punhos para bater.

37

AUXILIA TAMBÉM

O cérebro trabalha para que raciocines.

O coração trabalha para que te sustentes.

O sangue trabalha para que te equilibres.

Os nervos trabalham para que observes.

As glândulas trabalham para que te controles.

Os pulmões trabalham para que respires.

Os ossos trabalham para que te levantes.

Os cabelos trabalham para que te protejas.

O estômago trabalha para que te nutras.

Os olhos trabalham para que vejas.

Os ouvidos trabalham para que ouças.

A língua trabalha para que te exprimas.

As mãos trabalham para que construas.

Os pés trabalham para que te movas.

Entre as forças que trabalham, no teu próprio corpo, para servir-te, que fazes de ti mesmo para servir aos outros?

Ante a Lei do Senhor, o ato de servir é luz em toda a parte.

E essa Lei pede em tudo: "ajuda agora alguém".

Assim, quem nada faz em nada se detém.

Recorda que a preguiça é o retrato da morte.

Toda a vida auxilia. Auxilia também.

38

VENCEDORES

Os vencedores, no mundo, acreditam nas próprias potencialidades.

*

Ganham competições.

Eliminam adversários.

Superam obstáculos.

Exercem autoridade.

Vencem guerras.

Ditam a moda.

Inovam as leis.

Galgam posições.

Evoluem as artes.

Formam opiniões.

Atingem objetivos.

Adiantam a ciência.

Fazem o progresso.

Dominam a política.

Conquistam o poder.

*

Contudo, Jesus exemplificou que não basta apenas a convicção das próprias possibilidades. A fé em si mesmo, sem a humildade perante a Providência Divina, é caminho para a presunção.

Ninguém mais do que o Mestre Divino tinha tanto conhecimento, tanta vontade, tanto poder. E, no entanto, ajoelhou-se no Jardim das Oliveiras, aceitando que se cumprisse a vontade do Pai.

Esta é a diferença entre os vitoriosos do mundo e os vencedores de si mesmos.

39

ACENDE A LUZ

Ao longo do caminho em que jorna-deias para diante, encontrarás a treva a cercar-te em todos os flancos.

Trevas da ignorância em forma de incompreensão, nevoeiros de ódio em forma de desespero, neblinas de impaciência em forma de lágrimas e sombras de loucura em forma de tentações sinistras.

Acende, porém, a luz da oração e

caminha. A prece é claridade que te auxiliará a ver a amargura das vítimas do mal, as feridas dos que te ofendem sem perceber, as mágoas dos que te perseguem e a infelicidade dos que te caluniam.

Ora e segue adiante.

O horizonte é sempre mais nobre, e a estrada sempre mais sublime, desde que a oração permaneça em tua alma em forma de confiança e de luz.

40

COMPANHEIROS DIFÍCEIS

Na seara do Cristo, também existem os companheiros difíceis.

❉

Não cumprem as obrigações, mas exigem o esforço dos outros.

Colaboram na assistência, mas semeiam conflitos.

Ajudam em campanhas beneficentes, mas desrespeitam doadores.

Assumem responsabilidades, mas nem sempre aparecem.

Recusam cargos de direção, mas criticam os dirigentes.

Escolhem as próprias tarefas, mas nunca estão satisfeitos.

Frequentam reuniões, mas discutem por qualquer coisa.

São pródigos em palpites, mas não aceitam a opinião alheia.

Apregoam gestos de solidariedade, mas competem no serviço.

Apontam providências, mas fogem das decisões.

✳

Diante desses companheiros, exercite sempre a tolerância, perdoando-lhes as alfinetadas, e, para que a obra do Senhor não sofra prejuízos, prossiga trabalhando e servindo, à semelhança da laranja que cresce, madura e serve, convivendo com os espinhos da laranjeira.

41

SEGUINDO EM FRENTE

Seja qual seja o seu problema, conserve fé em Deus e fé em você mesmo, sem desistir de trabalhar.

Ninguém progride sem dificuldade a vencer.

A luta é condição para a vitória.

Não abandone os seus encargos no bem.

Não perca tempo lembrando episódios tristes.

Desculpe qualquer ofensa.

Esqueça ressentimentos, venham de onde vierem.

Auxilie aos outros, como puder e tanto quanto puder, no clima da consciência tranquila.

Não procure defeitos nos semelhantes.

Se você está num momento considerado, talvez, como sendo o pior de sua vida, siga adiante com o seu trabalho, na certeza de que, se hoje o céu aparece toldado de nuvens, a luz voltará no firmamento e o dia de amanhã será melhor.

42

DA MESMA FORMA

Ensine o Evangelho, mas exemplifique o ensinamento.

Explique a tolerância, mas tolere o desaforo.

Disserte sobre o amor, mas ame o semelhante.

Discurse sobre a coragem, mas seja forte no momento difícil.

Fale sobre a caridade, mas não deixe de ajudar o próximo.

Esclareça sobre a esperança, mas conserve o ânimo na adversidade.

Discorra sobre a fé, mas confie na Providência Divina.

Exalte o bem, mas exercite a bondade.

Lecione a humildade, mas tente ser humilde.

*

Jesus disse que ninguém acende uma candeia para lhe tapar a claridade.

Da mesma forma, não esconda o que você sabe. Leia, estude e exponha as lições do Evangelho, certo de que o conhecimento é a candeia, mas o exemplo é a luz.

43

CARIDADE DO DEVER

De quando a quando, troquemos os grandes conceitos da caridade pelos atos miúdos que lhe confirmem a existência.

Não apenas os fatos de elevado alcance e os gestos heroicos dignos da imprensa.

Beneficência no cotidiano.

Não empurrar os outros na condução coletiva.

Evitar os serviços de última hora, nas instituições de qualquer espécie, aliviando companheiros que precisam do ônibus em horário certo para o retorno à família.

Reprimir o impulso de irritação e falar normalmente com as pessoas que nada têm a ver com os nossos problemas.

Aturar, sem tiques de impaciência, a conversação do amigo que ainda não aprendeu a sintetizar.

Ouvir, qual se fosse pela primeira vez, um caso recontado pelo vizinho em lapso de memória.

Poupar o trabalho de auxiliares e cooperadores, organizando anotações prévias de encomendas e tarefas por fazer, para que não se convertam em andarilhos por nossa conta.

Desistir de reclamações descabidas diante de colaboradores que não têm culpa das questões que nos induzem à pressa, nas organizações de cujo apoio necessitamos.

Pagar sem delonga o motorista ou a lavadeira, o armazém ou a farmácia que nos resolvem as necessidades, sem a menor obrigação de nos prestarem auxílio.

Respeitar o direito do próximo sem exigir de ninguém virtudes que não possuímos ou benefícios que não fazemos.

Todos pregamos reformas salvadoras.

Guardemos bastante prudência para não nos fixarmos inutilmente nos dísticos de fachada.

Edificação social, no fundo, é caridade, e caridade vem de dentro.

Façamos uns aos outros a caridade de cumprir o próprio dever.

44

ROTEIRO SEGURO

O orgulho espalha o constrangimento e a humildade alimenta a alegria.

O desespero leva à fraqueza e a esperança fortalece a coragem.

O egoísmo mergulha em si mesmo e a caridade enxerga o próximo.

A descrença provoca desarmonia e a fé semeia o equilíbrio.

A vaidade nutre o desprezo e a modéstia conquista a simpatia.

A vingança sempre conduz à guerra e o perdão devolve a paz.

A intolerância prolonga o conflito e a indulgência elimina a discórdia.

A violência dissemina a tristeza e a brandura impede a dor.

A cólera promove a aflição e a paciência mantém o entendimento.

O ódio amplia o mal e o amor sustenta o bem.

*

Todas essas situações, em maior ou menor intensidade, você ainda guarda nos recessos da alma. Entretanto, observe o que lhe vai ser realmente útil na trajetória da evolução.

Não se afobe em possuir títulos, privilégios e facilidades, mas tenha na bagagem do Espírito o essencial, que são os sentimentos nobres, trabalhando e servindo para alcançá-los.

Na busca incessante da perfeição, que a Doutrina Espírita mostra ser longa através das vidas sucessivas, o Evangelho de Jesus é o roteiro seguro para a jornada em direção a Deus.

45

PENSE NISSO

Se você considerasse as provações e as desvantagens do ofensor...

Se experimentasse na própria pele o processo obsessivo do companheiro caído em tentação...

Se você carregasse a sombra da ignorância, tanto quanto aquele que erra...

Se sofresse a dificuldade do amigo que lhe não pode atender aos desejos...

Se estivesse doente, qual a pessoa que procura ser agradável sem consegui-lo...

Se você fosse uma das criaturas cuja segurança depende do seu bom humor...

Se conhecesse todas as necessidades de quem precisa da sua cooperação...

Se percebesse em si mesmo o esgotamento daquele que serviu até o extremo cansaço e agora já não lhe pode ser útil...

Se meditasse nas consequências de sua irritação ou de sua cólera...

Se você refletisse na caridade da paz e da alegria, em favor dos outros, que lhe capitalizará, cada vez mais, a própria felicidade, certamente que nunca perderia a paciência e saberia trazer no coração e nos lábios a boa palavra e o sorriso fraterno por bênçãos incessantes de Deus.

46

NÃO COMPRA

Você paga o tranquilizante, mas não compra a paz.

Você paga o analgésico, mas não compra o alívio da consciência.

Você paga o agasalho, mas não compra o calor humano.

Você paga as férias no campo, mas não compra a calma interior.

Você paga o curso de otimismo, mas não compra a esperança.

Você paga as aulas de segurança pessoal, mas não compra a fé.

Você paga as lições de etiqueta, mas não compra a humildade.

Você paga a propaganda de sua imagem, mas não compra o amor ao próximo.

*

Você pode usar o dinheiro para socorrer alguma necessidade material.

Entretanto, o bem para si mesmo, como conquista imperecível, isto você não compra.

47

MOMENTO DE LUZ

Se você está feliz, ore sempre, rogando ao Senhor para que o equilíbrio esteja em seus passos.

Se você sofre, ore para que não lhe falte compreensão e paciência.

Se você está no caminho certo, ore para que não se desvie.

Se você está de espírito marginalizado, sob o risco de queda em despenhadeiros ou perigosos declives, ore para que o seu raciocínio retome a senda justa.

Se você está doente, ore a fim de que a saúde possível lhe seja restituída.

Se você tem o corpo robusto, ore para que as suas forças não se percam.

Se você está trabalhando, ore pedindo a Deus que lhe conserve a existência no privilégio de servir.

Se você permanece ausente da atividade, ore, solicitando aos Mensageiros do Senhor que lhe auxiliem a encontrar ou reencontrar a felicidade da ação para o bem.

Se você já aprendeu a perdoar as

ofensas, ore para que prossiga cultivando semelhante atitude.

Se você reprova ou condena alguém, ore rogando à Divina Providência que lhe ajude a entender o que faríamos nós se estivéssemos no lugar de quem caiu ou de quem errou, de modo a aprendermos discernimento e tolerância.

Se você possui conhecimentos superiores, ore para que não lhe falte a disposição de trabalhar, a fim de transmiti-los a outrem, sem qualquer ideia de superioridade, reconhecendo que a luz de sua inteligência vem de Deus, que no-la concede para que venhamos a fazer o melhor de nosso tempo e de nossa vida, entregando-

-nos, porém, à responsabilidade de nossos próprios atos.

Se você ainda ignora as verdades da vida, ore para que o seu espírito consiga assimilar as lições que o Mais Alto lhe envia.

Ore sempre.

A oração é o momento de luz, nas obscuridades e provas do caminho de aperfeiçoamento em que ainda nos achamos, para o nosso encontro íntimo com o amparo de Deus.

48

NINGUÉM

O pé tem defeito.
E você se apoia.

A perna manca.
E você anda.

A voz é rouca.
E você fala.

O olho arde.
E você enxerga.

O braço é fraco.

E você se mexe.

O dente é torto.

E você morde.

A boca incomoda.

E você come.

O nariz entope.

E você respira.

O ouvido inflama.

E você escuta.

A cabeça dói.

E você pensa.

*

Ninguém desiste de viver porque as condições físicas não são as melhores.

Esperar, pois, a perfeição espiritual para ajudar alguém é simples comodismo, disfarçado de escrúpulo.

49

NO SERVIÇO ASSISTENCIAL

Desista de brandir o açoite da condenação sobre aspectos da vida alheia.

Esqueça o azedume da ingratidão, em defesa da própria paz.

Não pretenda refazer radicalmente a experiência do próximo, a pretexto de auxiliá-lo.

Remova as condições de vida e os objetos de uso pessoal capazes de ambientar a humilhação indireta para os outros.

Evite categorizar os menos felizes à conta de sentenciados à fatalidade do sofrimento.

Não espere entendimento e ponderação do estômago vazio de companheiros necessitados.

Aceite de boa mente os pequeninos favores com que alguém procure retribuir-lhe os gestos de fraternidade.

Seja pródigo em atenções para com o amigo em prova maior que a sua, desfazendo aparentes barreiras que possam surgir entre ele e você.

Conserve invariável clima de confiança e alegria ao contato dos companheiros de ideal e trabalho.

Não recuse doar afeto, comunicabilidade e doçura, na certeza de que a violência é inconciliável com a bênção da simpatia.

Sustente pontualidade em seus compromissos e nunca demonstre impaciência ou irritação.

Dispense intermediários nas tarefas mais simples e cumpra o que prometer.

Mantenha uniformidade de gentileza, em qualquer parte, com todas as criaturas.

Recorde que o auxílio desorientado pode tornar-se prejuízo para quem o recebe e, acima de tudo, saiba sempre que a assistência fraterna é dever comum, pois aquele que doa ao bem de si recebe constantemente o bem de todos.

50

OFENSA E PERDÃO

Você não tolera nos outros os defeitos que tem.

*

Condena o orgulho,
mas é arrogante.

Censura o egoísmo,
mas só pensa em si.

Ataca a vaidade,
mas ama o espelho.

Rejeita a sovinice,
mas não doa nada.

Reprova a usura,
mas explora o vizinho.

Abomina a preguiça,
mas é comodista.

Critica a desonestidade,
mas usa a esperteza.

Refuga a zombaria,
mas é irônico.

Desaprova a inveja,
mas cultiva o despeito.

Recrimina a violência,
mas é grosseiro.

*

Ofensor das leis divinas e ofendido pelos outros, você utiliza critérios diferentes para a mesma situação. Roga a Deus o perdão de suas faltas e pede misericórdia, mas não desculpa a ofensa do próximo e ainda clama por justiça.

IDE | Livro com propósito

No ano de 1963, Francisco Cândido Xavier ofereceu a um grupo de voluntários o entusiasmo e a tarefa de fundarem um periódico para divulgação do Espiritismo. Nascia, então, o Instituto de Difusão Espírita - IDE, cujos nome e sigla foram também sugeridos por ele.

Assim, com a ajuda de muitas pessoas e da espiritualidade, o Instituto de Difusão Espírita se tornou uma entidade de utilidade pública, assistencial e sem fins lucrativos, fiel à sua finalidade de divulgar a Doutrina Espírita, por meio de livros, estudo e auxílio (material e espiritual).

Tendo como foco principal as obras básicas de Allan Kardec, a preços populares, a IDE Editora possui cerca de 300 títulos, muitos psicografados por Chico Xavier, chegando a todo o Brasil e em várias partes do mundo.

Agora, na era digital, a IDE Editora foi a pioneira em disponibilizar, para download, as obras da Codificação, em português e espanhol, gratuitamente em seu site: ideeditora.com.br.

Além da editora, o Instituto de Difusão Espírita também se desenvolveu em outras frentes de trabalho, tanto voltadas à assistência e promoção social, como o acolhimento de pessoas em situação de rua (albergue), alimentação às famílias em momento de vulnerabilidade social, quanto aos trabalhos de evangelização infantil, mocidade espírita, artes, cursos doutrinários e assistência espiritual (passes).

Ao adquirir um livro da IDE Editora, você estará colaborando com a divulgação do Espiritismo e com os trabalhos assistenciais do Instituto.

Este e outros livros da *IDE Editora* ajudam na manutenção do baixíssimo preço das *Obras Básicas de Allan Kardec*, mais notadamente *"O Evangelho Segundo o Espiritismo"*, **edição econômica.**

Pratique o *"Evangelho no Lar"*

ideeditora.com.br

✳

Acesse e cadastre-se para receber
informações sobre nossos lançamentos.

  INSTITUTO DE DIFUSÃO ESPÍRITA   IDEEDITORA.COM.BR / IDEEDITORA / @IDEEDITORA

IDE Editora é apenas um nome fantasia utilizado pelo INSTITUTO DE DIFUSÃO ESPÍRITA, entidade sem fins lucrativos, que promove extenso programa de assistência social, e que detém os direitos autorais desta obra.